# MÉLODIES

## POÉTIQUES ET RELIGIEUSES,

PUBLIÉES

Sous les auspices et avec le patronage de

# S. M. MARIE-AMÉLIE,

*Reine des Français*

## PAR MICHEL TISSANDIER.

*Credo.*

AVEC MUSIQUE DE PIANO, A LA FIN DU VOLUME.

### PARIS.

DEBÉCOURT, Éditeur,    BRETEAU et PICHERY,

Rue des Saints-Pères, 69.    Passage de l'Opéra, 16.

1842

# MÉLODIES

# Poétiques et Religieuses.

*PREMIÈRE ANNÉE.*

Paris. — Imprimerie de BÉNARD et Cᵉ. passage du Caire, 2.

# MÉLODIES

## POÉTIQUES ET RELIGIEUSES,

PUBLIÉES

Sous les auspices et avec le patronage de

# S. M. MARIE-AMÉLIE,

*Reine des Français.*

## PAR MICHEL TISSANDIER.

*Credo.*

## PARIS.

**DEBÉCOURT, Éditeur,**    **BRETEAU et PICHERY,**
Rue des Saints-Pères, 69.    Passage de l'Opéra, 16.

### 1842

## AVERTISSEMENT DE L'AUTEUR.

Voici un premier essai émané du cœur : ce sont ses rêves. ses souffrances , sa foi et son amour ; c'est un miroir qui le retrace fidèlement , ou joyeux, ou triste, selon le coup qui le frappe.

Ce Livre n'est qu'un fragment des MÉLODIES POÉTIQUES ET RELIGIEUSES *, œuvre que je publierai annuellement, et que l'étude et le temps feront mûrir et éclore.

* Voir le Prospectus, à la fin du Volume.

*A*

## Sa Majesté

# MARIE-AMÉLIE,

### REINE DES FRANÇAIS.

— ◦ —

## Hommage de Reconnaissance.

— ◦ —

**Michel Tissandier.**

# Mélodie Première.

---

## A S. M. MARIE-AMÉLIE.

*Ave Maria.*

Matin et soir, l'enfant qui prie
Les mains jointes, à deux genoux,
En prononçant : Sainte Marie,
Madame, s'il s'adresse à vous,

C'est qu'ici-bas chacun vénère
Votre nom, votre cœur pieux ;
C'est que vous êtes sur la terre
Ce qu'est l'autre Marie aux cieux !

# Mélodie Deuxième.

---

# CHANT D'ABEL.

A Monseigneur D.-A. Affre, Archevêque de Paris.

*Domine labia mea aperies :*
*Et os meum annuntiabit laudem tuam.*

(Ps. 50, verset 16.)

A travers les rameaux du cèdre des montagnes,
Les feux naissants du jour coloraient les campagnes,
Et perçant par degrés l'ombre de l'horizon,
Laissaient voir mille fleurs qui couvraient le gazon.
Le Bouvreuil, attentif au lever de l'aurore,
Réveillait ses petits qui sommeillaient encore,
Et, voltigeant joyeux parmi les arbrisseaux,
Mêlait son chant d'amour aux soupirs des ruisseaux.

Le vertueux Abel et sa tendre compagne
Avançaient à pas lents dans la verte campagne :
Un doux sourire errait aux lèvres de Thirza,
La pudeur sur sa joue imprimait l'incarnat,
Et comme les rameaux qui retombent des saules,
Ses longs cheveux dorés tombaient sur ses épaules.
Le visage d'Abel, rayonnant de beauté,
Respirait un air doux mêlé de majesté.
Quand ses yeux se levaient à la voûte éternelle,
Le ciel se reflétait dans sa chaste prunelle;
Séraphin exilé loin des plaines de l'air,
Un feu divin perçait l'enveloppe de chair;
De céleste et d'humain, mystérieux mélange,
Étincelle des cieux, que le Ciel laisse à l'ange !
« Maintenant, dit Thirza, que les pleurs du matin
Brillent comme la perle à la branche du thym,
Maintenant que l'oiseau gazouille dans l'ombrage
Et remplit de sa voix les échos du bocage,
Chante-moi, mon Abel, le cantique nouveau
Que tu fis dans les prés en gardant ton troupeau.
— O Thirza ! dit Abel, quand ta bouche demande,
Ou quand le doux regard de ton œil bleu commande,

Tu sais que pour mon cœur, s'il est un seul plaisir,
C'est celui de combler ton plus léger désir.
Approche, bien-aimée, afin de mieux entendre ;
Assieds-toi près de moi, sur cette mousse tendre. »
Sur la mousse embaumée, et non loin du chemin
Ils s'assirent ensemble à l'ombre du jasmin.
Comme deux tourtereaux, dans un nid, sur la branche,
Attirant son époux sur son épaule blanche,
Thirza, sur son front pur déposa le baiser,
Doux fruit d'un chaste amour qui venait l'embraser.
Abel jeta sur elle un gracieux sourire,
Puis, regarda le ciel, comme s'il allait lire
La parole de Dieu dans ce livre divin
Que la foi tient ouvert à tout le genre humain.
Alors sa voix prenant un accent prophétique
Préluda doucement au céleste cantique.
A l'instant il se fit un silence profond
Depuis le haut des rocs jusqu'au fond du vallon ;
L'Abeille s'endormit sur les fleurs de la plaine,
Le Zéphire immobile arrêta son haleine,
Le Ramier tut son chant, comme pour l'écouter.....
Et les torrents muets parurent s'arrêter.

Fuyez, sommeil, songe volage,
Et sitôt que vient le réveil,
Dissipez-vous comme un nuage
Que perce un rayon de soleil !
Retirez-vous, comme les ombres,
Dans les flancs et les grottes sombres
Des rocs qui pendent sur les eaux :
Mais quand le soleil, sur la terre,
Brûlera la fleur solitaire,
Attendez-nous sous les roseaux.


Là-haut, sur le front des montagnes,
Balancé dans un souffle pur,
L'Aigle plane sur les campagnes
Et semble nager dans l'azur.
Des fleurs que l'herbe verte étale,
Une suave odeur s'exhale
Parfumant la terre et le ciel,
Et monte à la voûte embaumée
Comme l'odorante fumée
Qui monte du pied de l'autel.

C'est l'heure où toute la nature
Vient saluer le roi du jour : .
L'insecte, l'onde, la verdure,
Tout célèbre son beau retour ;
C'est pour lui que la fleur naissante
Ouvre sa corolle éclatante
Et se mire au lac azuré,
Et que, dans le feuillage humide,
La Fauvette douce et timide
Fait entendre son chant perlé.


Oh ! que tout être qui respire
Sente ta puissance, Seigneur !
Oh ! que toute âme qui soupire
Cherche ton sein consolateur !....
Qu'elle te loue, avant l'aurore,
Lorsque l'oiseau sommeille encore
Bercé dans les rameaux des bois ;
Et qu'elle exhale sa prière,
Avant que la haute bruyère
Ne frémisse au pas du chamois !

O Seigneur ! quand, à l'aube rose,
Ton soleil dore l'horizon ,
Comme une large fleur éclose
Au milieu d'un brillant gazon,
Comme nouvellement créée,
La nature alors réveillée
Semble sourire à tous les yeux ,
Et rappelle à l'homme l'image
Du jour où, du haut d'un nuage,
Tu créas la terre et les cieux !


Elle retrace le silence
Qui régnait parmi le chaos,
Alors que ta parole immense
Alla réveiller les échos :
A l'instant le grain de matière
S'agitant, encor moitié terre ,
Vit le jour en te bénissant ,
Tandis que des voix prophétiques
Te chantaient de sacrés cantiques,
De l'Orient à l'Occident.

Et pour couronner ton ouvrage,
En le tirant d'un noir limon,
Tu formas l'homme à ton image
Et le douas de la raison.
Gage d'alliance éternelle,
Tu lui donnas une parcelle
Du feu de ta divinité ;
Et lui disant : Je suis ton père !
Animas ce bloc de poussière
Au souffle de ta majesté !


Un jour (dit une voix divine)
A ta gloire, tous les mortels
Au sommet de chaque colline
Élèveront de saints autels :
Là, pour consacrer ta présence,
Le juste, en chantant ta puissance,
Jettera l'encens dans le feu ;
Et tous les habitants du monde,
Pénétrés d'une foi profonde,
Ne connaîtront qu'un même Dieu !...

Abel ne chantait plus ; pourtant Thirza ravie
Croyait entendre encor cette douce harmonie
Que la voix des zéphyrs répétait mollement,
Et qui, comme un encens, montait au firmament.
Un bruit se fit entendre au sein de la charmille :
Abel, se retournant, vit toute sa famille
Qui s'y tenait cachée en écoutant ses chants,
Oubliant son malheur dans ces heureux instants.
Comme l'oiseau couvrant ses petits de son aile,
Adam les bénit tous de sa main paternelle ;
Ève, à ses deux enfants, sourit avec douceur ;
Méhala vint tomber dans les bras de sa sœur.
Mais... comme un chien féroce arrêté par sa chaîne,
Sur ce groupe, Caïn jetait un œil de haine,
Et dans son cœur gonflé de fiel et de dédain,
La noire jalousie exprimait son venin...
Tandis qu'Ève goûtait les charmes d'être mère
Et qu'Adam louait Dieu du bonheur d'être père !

# Mélodie Troisième.

## HYMNE.

*Magnificat : anima mea Dominum.*

(Cant. de la S. V., verset 1.)

Élevez-moi , saintes pensées !
Élevez-moi vers l'Éternel ;
Je suis l'ange aux ailes brisées
Qui voudrait remonter au ciel !
Emportez-moi loin de ce monde
Dont je hais tant la tourbe immonde
Qui m'entoure ainsi qu'un linceul ;
Pour moi , la vie enchanteresse
N'a point d'attrait , n'a point d'ivresse :
Mon Dieu , je n'aime que toi seul !

Ma harpe, d'où mon saint délire
Jaillit comme un torrent de feu,
Est l'orgue sombre qui soupire
Près du tabernacle de Dieu.
Le feu secret qui me dévore
Est un rayon de l'autre aurore
Qui darde incessamment sur moi :
Mon cœur est comme un sanctuaire
Qu'une lampe éternelle éclaire,
Et cette lampe, c'est la foi !


Comme un flot que le vent soulève
Et qui se brise en murmurant,
Mon âme sans cesse se lève
Et puis retombe en soupirant :
Au moindre écho qui vibre et passe,
Elle croit entendre en l'espace
La voix de son doux Rédempteur,
Ainsi que la pauvre captive
Qui prête une oreille attentive
Au pas de son libérateur !

Comme un rayon de ta puissance
Qui dissipe l'ombre, Seigneur,
L'âme est une goutte d'essence
Qui touche et brûle notre cœur ;
A ton souffle le feu s'allume,
Et notre corps qui se consume
Tombe en cendres sur le chemin ;
Tandis que libre, alors notre âme,
Flamme, va se joindre à la flamme
Qui forme le foyer divin.     -

Vous qui gémissez sur la pierre
Qui pour jamais cache à vos yeux
Le corps redevenu poussière
En perdant son rayon des cieux,
Pourquoi ces stériles alarmes?
Cessez de mouiller de vos larmes
Le sol usé par vos genoux :
Oh! que votre cœur se console,
C'est un ange encor qui s'envole
Et va, là-haut, prier pour vous !...

Seigneur, dans la vie où m'enchaîne

Une trop inflexible loi,

Tant que je traînerai ma chaîne,

Mon cœur s'élèvera vers toi !

Tant que mon exil sur la terre

Me voilera le saint mystère

Que l'homme cherche en vain des yeux,

Ici je dirai tes louanges

Jusqu'à l'heure où, parmi les anges,

Je les chanterai dans les cieux !

# Mélodie Quatrième.

---

## LE MARTYRE.

À la Mémoire d'un Poète.

Eli! Eli! lama sabacthani!...
(Matth., XXXIV.)

A l'exemple du Christ, à ton heure dernière
Tu rampas sous ta croix jusqu'au haut du Calvaire,
Sans qu'une Véronique essuyât de sa main
Le sang dont tu teignais les pierres du chemin.
Si la souffrance alors t'arrachait quelques larmes,
La foule souriait en aiguisant ses armes,
Et pour fendre ton cœur que broyait ce fardeau
Se servait d'une scie en place d'un couteau !

2*

Mais lorsqu'agonisant, le lieu de ton supplice
Fut couvert des lambeaux de ton sanglant cilice,
Lorsqu'enfin ton étoile en tombant sur le sol
Annonça que ton âme allait prendre son vol,
Un ange descendit de la voûte éternelle,
Appela cette sœur et la prit sous son aile ;
Car tu reçus des cieux, à ton dernier soupir,
L'auréole du Saint, la palme du martyr !...

# Mélodie Cinquième.

---

## ODE A CHATEAUBRIAND.

### I.

Toujours enseveli dans d'épaisses ténèbres,
Ainsi que le cadavre en ses voiles funèbres,
    Est-ce donc exister ?
Non : pour l'âme rêveuse il est une autre vie,
Il est un fruit du Ciel que toujours elle envie,
    Dont elle veut goûter !

Mais il est bien amer, et toute lèvre humaine
Ne presse qu'un poison qui court de veine en veine
    Et qui glace le cœur....
Comme le fruit qu'Adam reçut de la main d'Ève,
A peine est-il cueilli qu'aussitôt il enlève
    Le repos, le bonheur !


Et pourtant c'est lui seul que notre âme désire.
Chimère, illusion, cruel, fatal délire !
    — N'importe : c'est le sort...
Trompés par le serpent, nous comblons notre envie
Et nous croyons puiser à la source de vie
    Dans celle de la mort !...


Ce besoin de souffrir et cette soif de gloire
Qui nous enchaîne aux pieds d'une image illusoire,
    Ce désir incessant,
C'est un germe arraché du sein de notre mère
Ou d'un lait corrompu la goutte ardente, amère,
    Mêlée à notre sang.

C'est un aimant fatal qui toujours nous attire ;
Mais nous devons trouver la peine qui déchire
    Pour arriver à lui...
Près de notre berceau , c'est la voix de prophète
Qui dit : « Tu souffriras ; Dieu t'a créé poète... »
    Et l'arrêt s'accomplit !


Et la prédiction est comme la sentence
Qui nous condamne à mort... car, de notre existence,
    Le soir touche au matin :
Notre étoile apparaît , brille un instant et tombe ;
Un pied dans le berceau, l'autre pied dans la tombe,
    Voilà notre destin !...


C'est le sort! c'est le sort!— Mais pourquoi donc ton âme
Laissa-t-elle grandir cette funeste flamme
    Sans l'étouffer en soi ?
— Demande à ce ruisseau, sans vie et sans haleine ,
D'où vient qu'il chante et pleure en coulant dans la plaine :
    Le sait-il plus que moi ?

J'alimentais ce feu sans pouvoir le connaître :
Don funeste ! depuis le jour qui m'a vu naître
    Il couvait dans mon sein ;
Maintenant que voici l'heure de l'incendie,
Je le sens déchirer ma blessure agrandie
    Comme un fer assassin !


C'est là, je le sens là... dans mon sein qu'il consume !
Que de nuits sans repos ! que de jours d'amertume
    Écoulés à gémir !
C'est là... comme une dent qui ronge, qui dévore...
Mets la main sur mon cœur, si tu doutes encore;
    L'as-tu senti frémir?...


Fouille, sonde la plaie et palpe chaque artère,
Écarte chaque fibre.... — Eh bien! pourquoi le taire?
    Le coup est bien mortel,
Je le sais ! — Point de pleurs... ma mort n'est pas un crime...
Le poète ici-bas n'est rien ; qu'une victime
    Qui tombe sur l'autel !

Eh ! que sommes-nous donc sur cette vaste terre ?
Qu'est-ce qu'un moindre grain de l'humaine poussière
    Pour valoir des regrets ?
Une fleur, qu'en passant le vent flétrit et cueille ;
L'un de nous qui succombe est une seule feuille
    Arrachée aux forêts !...


C'est le sort ! c'est le sort ! — Il faut que le fruit tombe
Mûr ou vert. — Nul de nous ne passe outre la tombe ;
    Nous naissons pour mourir :
Il nous revient, à nous, la chaîne la plus lourde,
A la voix de nos pleurs, l'oreille humaine est sourde ;
    Nous vivons pour souffrir !...


Pourquoi ? — Demande au sort, au destin, à Dieu même !
Nulle voix ne résout ce mystique problème,
    Cette secrète loi.
En vain l'homme interroge en proie à sa tristesse :
Pourquoi ? pourquoi ? pourquoi ? demande-t-il sans cesse ;
    L'écho répond : Pourquoi ?

## II.

L'homme sort de la poudre, il bondit, il se lève ;
Le voile tombe alors, ainsi que tombe un rêve
        A l'heure du réveil.
Il presse ses poumons gonflés de son génie ,
Il chante, il apparaît, et jusqu'alors sa vie
        N'était rien ; qu'un sommeil !


Comme le luth vibrant sous le doigt qui le presse,
Son âme est l'instrument qui résonne sans cesse
        Au souffle inspirateur ;
Sa pensée est semblable à la céleste flamme ;
Son vol tend vers le ciel, comme le vol de l'âme
        Tend vers son Créateur !


Il voit l'Aigle planer aux voûtes éternelles :
Alors, pour l'imiter, l'orgueil construit ses ailes ,
        Il plane.... mais, malheur !

Comme un Icare ailé que le sommeil consume,
L'aile fond, se détache, et tombe plume à plume
    Au feu de la douleur !...


Et c'est dans ce combat que , faible , je m'élance
Avec l'espoir de vaincre! Illusion , démence !
    Orgueil , funeste amour !
Fatale poésie !... astre dans ma nuit sombre ,
Étincelle des cieux trop brillante pour l'ombre ,
    Trop pâle pour le jour !...


### III.


Oh ! s'il m'était donné d'emprunter ton langage ,
Cygne mélodieux ! et de lire à la page
    Où tu lis dans le ciel ;
De poursuivre un instant ta mission si sainte
Et de laisser tomber dans ma coupe d'absinthe
    Un rayon de ton miel !...

Si je pouvais, un jour, une heure, un instant même,
Voir à mon front obscur ton brillant diadème,
     Soleil dans une nuit !
Mais, que dis-je ? insensé ! mon orgueil rêve encore;
Je parle d'avenir... et ma dernière aurore
     Peut-être déjà luit !


Heureux, cent fois heureux qui n'a pas d'insomnies,
Qui ne médite pas sur les feuilles jaunies,
     Qui n'attend rien du sort ;
Qui voit, sans soupirer, une étoile qui tombe
Et passe indifférent sur le seuil d'une tombe
     Sans songer à la mort !


Celui-là ne sait point ce que souffre un poète
Quand le moindre laurier n'a pas paré sa tête
     Et qu'il s'endort vaincu;
Celui-là ne sait point ce qu'on nomme souffrance,
Celui-là ne sait point ce qu'on nomme espérance ;
     Sans vivre, il a vécu !

V.

Chateaubriand, tu sais tout ce que coûte un trône,
Car, avant d'y monter, tu tressas ta couronne
        D'épines et de fleurs :
Oui, ton front a saigné sous le saint diadème,
Comme celui du Christ. Mystérieux emblême
        De joie et de douleurs !


Il fallut ton génie et ton mâle courage
Afin de résister aux fureurs de l'orage
        Qui détournait ton vol ;
Mais, pareil au nocher que mûrit la tempête,
Chaque coup du malheur qui frappait sur ta tête
        T'élevait sur le sol !


Chéri par tes vertus, compris dans ton langage,
Chacun pour te bénir se presse à ton passage

Comme à celui d'un roi ;

Et comme du faucheur le glaneur suit la trace,

Le poète te suit pas à pas, et ramasse

Ce qui tombe de toi !


Brille long-temps encore, astre ; dans la nuit sombre

Projète ton éclat. Comme un phare, dans l'ombre,

Tu parais à nos yeux ;

Malheureux exilés sur cette terre étrange,

Conduis-nous par la main, comme notre bon ange,

Dans la route des cieux !

# Mélodie Sixième.

—∿—

## LA FOI.

A M. Moulin, Curé de Vernon.

La vérité, c'est Dieu.

O toi dont le regard a percé les ténèbres,
Et qui, te dépouillant de tes voiles funèbres
Lorsque la voix de Dieu t'appela dans les cieux,
T'envolas dans l'espace ainsi que la colombe,
En nous laissant pleurer à genoux sur ta tombe,
Au touchant souvenir de tes derniers adieux !...

Maintenant que ton œil embrasse cette terre
Et que ton cœur connaît le sublime mystère
Que Dieu n'a dévoilé qu'aux anges, dans le ciel ;
Parle ; mon âme en feu demande ta parole,
Comme l'infortuné la voix qui le console,
Comme l'Abeille, aux fleurs, vient demander son miel !


Je l'attends, cette voix, comme l'oiseau son aile,
Comme l'enfant attend le lait de la mamelle,
Comme un grain pour germer, lapluie et le sillon.
Je l'implore, en souffrant, pour mon âme embrasée,
Comme la fleur des champs implore la rosée
Quand des feux du soleil dorment sur le vallon !


—Mais silence ; un écho vient frapper mon oreille :
A ta voix, ô Seigneur ! mon âme se réveille,
Et pour monter vers toi semble briser mon sein !
Et comme le pécheur, lorsque gronde la foudre,
De mes pieds orgueilleux mon front baise la poudre
En lisant ta parole au livre du Destin !

\*

— Heureux qui, jouissant d'une paix salutaire,
     Abandonne la terre,
La vie où nous entrons pour pleurer et gémir !
Au-delà du tombeau, le juste se relève,
     Comme après un long rêve
Il se réveille alors pour ne plus s'endormir.

✝

Il sourit à son Dieu : la mort lui paraît douce,
     Le néant le repousse,
Ne prenant pour tribut qu'un cadavre glacé ;
Il acquitte sa dette en fermant la paupière,
     Il est mort pour la terre...
Mais au sein du trépas, la vie a commencé !

✝

Quand la fosse est creusée, et quand l'airain qui pleure
     Sonne sa dernière heure,

3

Triomphant, du cercueil il monte dans les cieux ;
Il voit ce Dieu puissant que la gloire environne,
        L'immortelle couronne
Se place fleur à fleur sur son front radieux !


— Le livre s'est fermé. Merci, divin génie !
Ma faim s'est abreuvée à ton doux pain de vie,
Ma soif s'est étanchée à ton vase de miel !
Je souffre encor pourtant... car à travers la nue
Mon âme voit briller une aurore inconnue,
        L'aurore d'un jour éternel !


Oh ! mon âme déjà rêve au céleste empire,
        Se débat et soupire !...
C'est qu'un aimant secret l'attire vers le Ciel...
C'est que dans les vapeurs qui flottent dans l'espace,
        Une autre âme qui passe
L'appelle en lui montrant le séjour éternel !...

Oh ! quand viendra ce jour, ce jour de délivrance
    Où s'éteint la souffrance,
Où l'on secoue enfin la chaîne du malheur !...
Où ses anneaux brisés roulent dans la poussière,
    Où l'âme ardente et fière
S'envole dans tes bras, ô divin Créateur !...


O foi ! rayons divins qui jaillissent de l'âme,
    Que la céleste flamme
Brille pure en mon cœur jusqu'au dernier adieu...
Et toi, fille du Ciel, vrai baume à la souffrance,
    Sur ton aile, Espérance,
Mène-moi souriant jusqu'au trône de Dieu !...

# Mélodie Septième.

---

## STANCES.

Ne jamais contempler que de loin l'Espérance,
Chaque jour faire au monde un éternel adieu...
Refouler vers son cœur les flots de sa souffrance,
N'aimer à s'épancher que dans le sein de Dieu !


Voir ses fleurs, au matin, qui s'inclinent fanées
Au contact dévorant du feu de la douleur...
Ainsi que le vieillard que rident les années,
Voir son front se plisser sous les doigts du malheur !

Prier près du Pasteur, dans la nef solitaire,
Et rallumer sa vie aux rayons de sa foi ;
Voir sans aucun désir les plaisirs de la terre,
Oubliant que vingt ans n'ont pas sonné pour soi !...


Aimer à s'égarer dans la sombre vallée,
Sans comprendre pourquoi, toujours verser des pleurs,
Méditer et gémir sur la pierre isolée
Que recouvre un peu d'herbe et parent quelques fleurs!


Sous l'ombrage du saule errer de tombe en tombe
Écoutant les sanglots et les hymnes de deuil...
Ou le lugubre bruit de la terre qui tombe
Et roule lourdement sur le bois du cercueil !


Puis, quand l'âme remonte au Ciel qui la rappelle,
Sentir sous sa paupière une larme couler...
Et dans son sein brûlant, son âme qui bat l'aile
Comme un oiseau captif qui cherche à s'envoler !

Consoler en pleurant l'infortuné qui pleure ;
Chaque jour voir la mort qui fait un pas vers soi,
La désirer souvent... l'attendre d'heure en heure...
Quelle vie !!! — Et pourtant, voilà ma vie, à moi!..

# Mélodie Huitième.

—·—

## ÉLISA MERCOEUR.

Quand descendra sur moi l'ombre de la vallée,
Qu'on verse en me nommant, sur ma tombe isolée,
Quelques larmes du cœur.

(Élisa Mercoeur.)

Comme un pauvre exilé qui pleure sa patrie,

L'Ange tombé des cieux, sur cette terre prie

Le Tout-Puissant qui, seul, peut comprendre son cœur:

Et, quand rouvrant ses bras, ce Dieu fléchi l'appelle,

Remonte en souriant à la voûte éternelle :

Cet Ange, ce fut toi, pauvre Élisa Mercoeur !

Si je t'eusse connue, oh ! je t'aurais aimée !
Car, ainsi qu'en la tienne en mon âme enflammée
Dieu mit le germe saint d'un amour éternel...
Initié peut-être à ton même mystère,
Comme un couple d'oiseaux qui s'en va de la terre,
Nous nous serions ensemble envolés vers le Ciel !...


Hélas ! nous ignorions tous deux notre existence !
Et, quand l'avide mort prononça ta sentence,
Par moi ton prompt départ ne fut point regretté :
Traînant au cimetière, un jour, ma rêverie,
Ta tombe seulement me révéla ta vie,
Et ton livre immortel, ton immortalité !


Ton courage, long-temps combattit la tempête :
Elle voulait briser ton arme de poète :
Ta glorieuse mort fut celle du guerrier ;
Comme lui, tu tombas le jour de la victoire,
Au moment du bonheur, au moment où la gloire
Allait ceindre ton front d'un éternel laurier !

Son astre se levait sur ta pâle journée ;
Mais, rose, sur ta tige à demi moissonnée,
Tu ne pus supporter autant d'éclat vermeil...
A son premier rayon tu fermas la paupière :
Ainsi la tendre fleur, dont nous parons ta pierre,
Tombe pâle et fanée au lever du soleil !


Mais que te fait la mort, quand tu vis dans notre âme ?
Du feu de ton génie, une précoce flamme
Brille éternellement sur ton funèbre autel ;
Chacun en s'inclinant dans la sombre vallée
Joint les larmes aux fleurs sur ta tombe isolée :
Et toi, les contemplant, tu les bénis du ciel !...


On ne dort pas toujours sous les pierres verdies,
Le cœur n'est qu'assoupi dans nos chairs engourdies,
On le sent, n'est-ce pas ? battre encor sous la main :
Ou plutôt, garde-le ce secret de la tombe ;
Ne couvre pas de deuil mon dernier jour qui tombe...
Ce funèbre secret... je le saurai demain !

Demain, je dormirai sous cette herbe foulée ;
Je serai près de toi sous ma croix isolée :
Ah ! des larmes d'espoir mouillent déjà mes yeux !
Je touche, sans frémir, à mon heure dernière...
Puisque nous n'avons pu nous voir sur cette terre,
Oh ! du moins, Élisa, nous nous verrons aux cieux !

# Mélodie Neuvième.

———◆———

## A LAMARTINE.

Tu l'as senti naître en ton âme,
Tu l'as senti brûler ton cœur,
Ce feu dont la sublime flamme
Émane du Dieu créateur !
Alors, plein d'un chaste délire,
Comme le cygne qui soupire,
Ton luth a vibré sous ta main ;
Et ton âme, flots d'ambroisie,
Se répandit en poésie
Comme une aumône au genre humain !

Qu'un souffle inspirateur passe encor sur ta lyre,

Ainsi qu'un doigt divin sur la harpe à l'autel ;

Comme l'ange, c'est Dieu qui t'anime et t'inspire,

Comme l'ange, c'est toi qui nous montres le ciel !

Tu t'exilas pour nous sur cette pauvre terre

Où partout le malheur élève son écueil,

Où, pour savoir des cieux le sublime mystère,

Il faut que l'homme passe à travers un cercueil !


Lorsque Dieu rappela ta Julia chérie,

Quand ton cœur se brisait et saignait sur son corps,

La douleur en frappant sur ton âme attendrie,

Pour murmure en tira de célestes accords !

A tout infortuné, tu portes l'espérance :

Nouveau prêtre du Christ, tu l'apprends à mourir ;

Et lui montrant ta plaie effaçant sa souffrance,

Au lieu de murmurer, tu l'apprends à bénir !...


Maintenant quand les sons d'une harpe divine,

Comme un baume sacré passent sur ses douleurs,

Notre âme est consolée , et dit : C'est LAMARTINE
Qui vient sécher nos yeux et ranimer nos cœurs !..

# Mélodie Dixième.

## SOROR MEA.

### A ma Mère.

> J'ai passé comme une fleur,
> J'ai séché comme l'herbe des champs.
>
> (Chateaubriand.)

La nuit, au cimetière, en butte à l'insomnie,
J'aime à fouler du pied l'herbe haute et jaunie ;
A suivre du regard le nuage argenté
Qui glisse sur la lune et voile sa clarté ;
A soulever la ronce et les touffes de lierre
Qui pendent en festons et couvrent une pierre,
Pour y chercher un nom effacé par le temps,
Nom d'une pauvre fleur fanée à son printemps !

4

O ma sœur ! me voici... toujours à la même heure !
Unissant mes sanglots à la brise qui pleure ;
Je viens sur ton gazon poser mes deux genoux :
Pour celui qui survit, pénible rendez-vous !...
C'est là, près des lilas qui s'épendent en gerbe,
Sous cette simple croix qui s'élève dans l'herbe,
Là qu'elle attend en paix, dans un profond sommeil,
La jour du jugement et l'heure du réveil !
Dans cette couche où dort sa dépouille mortelle,
Mon bonheur d'ici-bas s'endormit avec elle !
J'ai reçu cet adieu qu'on échange en pleurant
Quand la bouche est collée aux lèvres du mourant !
Elle est morte, et j'existe... ô solitude amère !
Elle est morte, et j'existe.... et cette même terre
N'a pas couvert deux corps le même jour. Mon Dieu !
Quoi ! j'ai pu recevoir son douloureux adieu
Sans la suivre... sans dire : Attends, ma sœur chérie ;
Sans toi je ne puis point comprendre cette vie,
Sur la terre d'exil je ne puis rester seul...
Nous dormirons tous deux dans le même linceul !...
Je n'ai rien dit, mon Dieu!.. j'ai rampé sous ma chaîne ;
C'est qu'il reste sur terre un lien qui m'enchaîne...

C'est qu'elle m'a dit, elle, à son dernier soupir :

« Dieu le veut, ô mon frère, il faut encor souffrir !

» Mon exil est fini, je revois ma patrie;

» Reste pour consoler notre mère chérie...

» Tu dois sécher ses pleurs, tu dois fermer ses yeux,

» Nous nous retrouverons, frère, un jour... dans les cieu

— Oh ! c'est là qu'elle est... n'est-ce pas ? — C'est mon ar

Mon bon ange gardien qui, dans ce monde étrange,

M'aide à porter ma croix et verse dans le fiel

Dont j'abreuve ma faim, quelques gouttes de miel !

C'est le rayon d'en-haut qui darde sur mon âme,

C'est la foi qui m'inspire et l'amour qui m'enflamme;

C'est la main qui me guide en essuyant mes pleurs ,

C'est l'oreille attentive au cri de mes douleurs;

C'est la voix qui répond à ma longue prière,

Qui me parle du Ciel, et qui me dit : « Espère !

» L'existence est un jour dont l'aube touche au soir...

» Je n'ai point dit adieu, je n'ai dit qu'au revoir! »

# Mélodie Onzième.

---

## A MON AMI P. H.

Couple amoureux et solitaire,
Petits oiseaux du même nid,
Loin de l'aile de notre mère,
Nous nous perdons dans l'infini !


Toi, tu chantes et moi je prie,
Et, pauvres frères voyageurs,
Nous cherchons cette autre patrie
Que rêvent nos deux jeunes cœurs.

Clavier ruisselant d'harmonie,
Le cœur serein comme un beau jour,
Tout en toi n'est que mélodie
Et ton âme est pleine d'amour.


Mais moi, tout l'amour dans mon âme,
S'éteint de moment en moment,
Ainsi que la mourante flamme
D'un feu qui n'a plus d'aliment !


Moi, sombre et tout rempli d'alarmes,
Courbé sous le poids du malheur...
Mon cœur ne contient que des larmes,
Mon âme, qu'un cri de douleur !


Ta douce musique se mêle
A ma voix qui n'est qu'un soupir,
Comme celle de Philomèle
Se mêle à la voix du zéphyr.

Mon vers prend sa forme sublime
Sous chaque note de ton cœur,
Comme un bloc informe s'anime
Sous l'adroit ciseau du sculpteur ;


Car ta voix n'a rien de la terre ,
En toi tout émane du Ciel,
Tu prends ton chant dans la prière
Ou sur les harpes de l'autel !


Et dans tes visions étranges ,
On croit entendre dans les airs
Comme le chœur lointain des anges
Qui dicte tes divins concerts !...


Ton âme parfume mon âme
Du plus tendre parfum des cieux ;
Ma flamme s'allume à ta flamme,
Un seul foyer contient nos feux.

Ainsi liés par cette chaîne,
Nos deux cœurs ne forment qu'un cœur ;
Nous souffrons de la même peine,
Nous goûtons le même bonheur.


— Avant qu'aux voûtes éternelles
Pour jamais tende notre vol,
Comme un souvenir, de nos ailes
Laissons quelques plumes au sol.


Suivons le vol de nos pensées,
Passons, couple mélodieux,
Comme deux ombres enlacées
Qui s'en retournent dans les cieux !

# Mélodie Douzième.

## NARCISSE.

Fragment traduit d'Young.

O lune ! douce fleur de la voûte céleste,
Quitte un instant les cieux et descends d'un pas leste
De ton trône d'argent qui flotte dans les airs
Pour dicter à mon luth de lugubres concerts !
Tendre sœur du soleil , ah ! guide en son absence,
La marche de l'étoile et le pas du silence.
Tu m'inspires ! déjà dans mon sein je te sens...
Ton feu mélancolique a passé. dans mes sens !

Des larmes... Ah! toujours... j'en ai tant à répandre!

La tombe de Narcisse et celle de Philandre

Se cachent toutes deux sous des touffes de fleurs,

Et pour les arroser, ne faut-il pas des pleurs ?

O ma douce Narcisse ! ô ma fille chérie !

La nuit je crois souvent voir, dans ma rêverie ,

Ton ombre qui me dit, en me montrant son cœur

Que ronge par degrés la dent de la douleur :

« J'ai cessé de rêver un avenir prospère ;

» Le cercueil s'est ouvert, j'y descends, ô mon père !

» Ces yeux, ces traits si beaux qui faisaient ton orgueil,

» S'effaceront demain sous les plis du linceul !

» Comme l'herbe fauchée au sein de la prairie,

» La fleur de mes beaux ans a tombé, s'est flétrie ;

» Et moi, tournée aussi vers l'éternelle nuit,

» Je ne vois qu'un reflet de mon jour qui finit.

» Il est nuit pour mon cœur, et j'ai senti mon âme

» Sur ma lèvre trembler comme tremble la flamme

» De la lampe qui brûle aux funèbres caveaux,

» Quand le vent de la mort gémit sous les arceaux !»

O tissu de malheurs ! ô trop terrible chaîne
Que l'infortuné heurte et qui bientôt l'enchaîne !
Implacable fléau qui s'attache à ses pas
Et qu'il ne peut briser qu'à l'heure du trépas !
Au fond du mausolée, à celle de Philandre,
Il fallut que ma fille allât mêler sa cendre,
Qu'elle vînt usurper les droits de mon ami
En demandant les pleurs que je versais pour lui !...
Tu passas, ô ma fille ! ainsi que passe un rêve
Qui s'efface au matin, que le réveil enlève ;
Comme un tendre bouton prêt à s'épanouir
Et que le sombre autan arrache et vient flétrir !
Au signal de la mort, ta tombe s'est ouverte,
Son souffle a renversé la plante toute verte ;
Tu berçais l'avenir d'un beau rêve enchanteur,
Ta souffrance dormait dans un espoir menteur !
Tu croyais au bonheur... ta croyance fut vaine ;
C'est un fruit défendu pour toute bouche humaine!...

# Mélodie Treizième.

—⟨⟩—

## LE
## DIMANCHE DES RAMEAUX.

L'astre roule dans les ténèbres,
Et la cloche aux longs tintements
Mêle ses sons lents et funèbres
Aux sanglots, aux gémissements !
Les morts ont senti dans leur bière
Filtrer les pleurs de leurs amis...
Mon Jules, viens au cimetière
Porter quelques branches de buis !

Viens : nous laissâmes, l'autre année ,
Dans ce lieu ta petite sœur
Dont l'âme s'était envolée ,
Une nuit , auprès du Seigneur...
Et  tu sais, toi , combien ta mère
A versé de larmes depuis !
Mon Jules, viens au cimetière
Porter quelques branches de buis !


— Allons vite , car le jour tombe.
Aux pieds du sauveur des humains,
Sur l'herbe humide de la tombe,
Tu joindras tes petites mains...
Et puis, après notre prière,
Du bon Dieu nous serons bénis :
Mon Jules, viens au cimetière
Porter quelques branches de buis !

# Mélodie Quatorzième.

---

## FIAT VOLUNTAS TUA.

A M. l'Abbé Rusqyau.

Notre Père qui êtes aux cieux...

Comme un pauvre arbrisseau que courbe la tempête,
Quand ton bras, ô Seigneur ! s'appesantit sur moi,
Je frappe ma poitrine et je baisse la tête
En recevant les maux qui me viennent de toi.


Frappe, frappe ce cœur qui t'aime, qui t'adore,
Il ploira sous ton joug sans plainte, sans soupir ;

Tant qu'il palpitera, sa faible voix, encore
S'élèvera vers toi pour prier et bénir !


Chaque coup de ta main qui frappe sur mon âme,
Sonne comme l'airain dans ton temple immortel,
Mon cœur est le trépied où s'allume la flamme,
Ma prière est l'encens qui fume sur l'autel !


Pour supporter les maux qu'un exil de misère
A chaque heure du jour fait naître sous nos pas,
Pour traîner sans gémir notre chaîne sur terre,
Pour te sourire encore à l'heure du trépas,


Tu nous donnas, Seigneur, la sublime espérance,
Dans notre ciel obscur astre qui toujours luit,
Aussi douce à nos cœurs qu'un baume à la souffrance,
Aussi belle à nos yeux que l'aube après la nuit !

Quand sonnera pour moi cette heure désirée
Qui rend l'âme à son Ciel et finit nos tourments,
Sur mon sein déjà froid, ton image sacrée
Comptera de mon cœur les derniers battements !


Alors, puissé-je alors m'envoler de la terre,
Et, pleurant sur le sort des malheureux humains,
Dire comme ton Fils, à mon heure dernière :
*Mon Père, je remets mon âme entre vos mains !*

# Mélodie Quinzième.

—···—

## GARDE TON OR!

Souvenir d'Afrique.

*A S. A. R. Mgr le Duc d'Aumale.*

MUSIQUE DE PAUL HENRION.

De l'or, de l'or... cette offre est un outrage !
Vendre la France !... ah ! grand Dieu ! je frémis !
Ne pense pas abaisser mon courage,
Je mourrai pur devant mes ennemis.
Je ne veux rien... rien ! pour ma délivrance ;
Frappe celui que tu voulais flétrir...
Garde ton or ! ma patrie est la France,
Et pour sa mère un enfant peut mourir !...

Garde ton or ! je ne suis point parjure ;
Frappe ! j'attends un glorieux trépas.
De l'or, de l'or... ah ! c'est me faire injure !
Ma tête tombe et ne se courbe pas !
Dans les combats, en proie à la souffrance,
Sous mon drapeau tomba plus d'un martyr...
Garde ton or ! ma patrie est la France,
Et pour sa mère un enfant peut mourir !...


Qu'entends-je ? ô Ciel ! c'est un cri de victoire :
Vive la France ! Ah ! mes frères, c'est vous !
Venez, venez, mes compagnons de gloire...
Ils m'ont frappé ! je meurs à vos genoux !...
Vos soins sont vains... adieu !... plus d'espérance !
A vous mon sang et mon dernier soupir...
Ne pleurez pas... ma patrie est la France,
Et pour sa mère un enfant peut mourir !...

# Mélodie Seizième.

---

## LES SOUPIRS DU RUISSEAU.

Coule, petit ruisseau, coule dans la prairie,
  Arrose ta rive fleurie,
Coule parmi les fleurs et sous l'herbe des champs :
Rafraîchis sur tes bords la tendre violette
  Qui s'incline et baisse la tête
Sous le poids des rayons d'un soleil de printemps.

J'aime, petit ruisseau, l'ombrage de tes saules,
  J'aime à sentir sur mes épaules

Tomber leur long feuillage et pleurer comme lui !
Par la brise du soir, mollement agitée,
　　J'aime ta surface argentée
Où se mire l'étoile ou l'astre de la nuit.


J'aime à voir serpenter ton long ruban de moire,
　　L'oiseau qui s'y penche pour boire,
Le Papillon doré qui baise tes roseaux ;
J'aime tes doux soupirs, ta voix mélodieuse
　　Qui mêle sa plainte amoureuse
Au bruit des blancs cailloux qui roulent dans tes eaux.


Quand l'haleine des vents fait frémir la bruyère,
　　Lorsque l'écho de la prière
Monte pur vers le Ciel, aux feux mourants du jour ;
Par des fleurs enchaînée aux ailes d'un beau rêve,
　　Mon âme doucement s'élève
Et semble transportée au céleste séjour !

Coule, petit ruisseau, coule dans la prairie,

    Arrose ta rive fleurie ,

Coule parmi les fleurs et sous l'herbe des champs ;

Rafraîchis sur tes bords la tendre violette

    Qui s'incline et baisse la tête

Sous le poids des rayons d'un soleil de printemps !

# Mélodie Dix-Septième.

## L'ANGE DE L'ORPHELINE.

A Madame Ringard.

Quand, pleine d'un saint espoir,
Je vais me mettre en prière
Aux pieds du Christ que ma mère
Venait baiser chaque soir,
A ce rendez-vous fidèle,
J'entends, tremblante d'émoi,
Comme un frémissement d'aile
Qui se ferme auprès de moi :

C'est l'aile de mon bon ange,
De mon bon ange gardien,
Qui, sur cette terre étrange,
Est mon unique soutien !


Et puis, une douce voix
Qui ne m'est pas inconnue,
Me dit, à moi tout émue :
« Sois bénie, ô toi qui crois !
» La mort est un doux mystère,
» La vie est pleine de fiel,
» Le sol d'exil est la terre,
» Et la patrie est au ciel !... »


C'est la voix de mon bon ange,
De mon bon ange gardien,
Qui, sur cette terre étrange,
Est mon unique soutien !

Oh ! parle encore à mon cœur,
Ange qui veilles sans cesse
Sur l'enfant que tout délaisse
Dans ce monde corrupteur :
Cette voix qui m'est si chère,
Dont le timbre est si pieux...
C'est la tienne, oh ! oui, ma mère,
Qui descend du haut des cieux !


Car ton âme est mon bon ange,
Oui, mon bon ange gardien !
Qui, sur cette terre étrange,
Est mon unique soutien !

# Mélodie Dix-Huitième.

———◆———

# LA TOMBE OUBLIÉE.

.... Ce que vivent les roses,
L'espace d'un matin !

Il est dans les détours d'une étroite vallée,
Et cachée à demi sous les sureaux en fleurs,
Sans éclat et sans nom, une tombe isolée
Dont le gazon jamais ne fut mouillé de pleurs !

Le Merle y fait son nid, la Génisse y vient paître,
La paquerette blanche y croît sous l'arbrisseau ;
Rien ne trouble la paix de ce séjour champêtre,
Rien... que le chant du pâtre et le bruit du ruisseau.

C'est là que s'endormit, du sommeil de la tombe,
Une vierge à seize ans... c'est bien tôt pour mourir!
Mais son âme, pareille à la jeune Colombe,
Attendait qu'un printemps lui dise de partir!


Le monde ne pouvait comprendre sa souffrance ;
Non : son âme brûlait d'un trop céleste feu...
La mort était son vœu, le Ciel son espérance,
Et, nouvelle Thérèse, elle n'aimait que Dieu !


Son jeune cœur battait sous son corset de serge,
Lorsque le glas sonnait aux hameaux d'alentour :
Dieu, disait-elle, vient d'appeler une vierge...
Encore une d'heureuse... oh! quand viendra mon tour!


Près de sa croix de bois, on vit sa pauvre mère
Pleurer, rien qu'un seul soir... et le deuxième jour,
Sous ce même gazon, dans cette même terre,
Le deuxième cercueil descendait à son tour !

La mousse a recouvert cette pierre isolée,
Les lianes en fleurs ont effacé sa croix...
Le vieux saule courbant sa tête échevelée,
Seul, révèle une tombe au milieu de ces bois.

# Mélodie Dix-Neuvième.

—◦◦◦—

## NAITRE ET MOURIR!

### A la Mémoire d'un Ami.

O pauvre fleur des champs que la faux a ravie
　　Au moment de fleurir !
O pauvre ange mortel qui n'entras dans la vie
　　Que pour naître et mourir !...


L'affreuse mort, en fermant ta paupière,
D'un souffle impur salit ton teint vermeil,
Et pour jamais sous cette froide pierre
Tu t'endormis d'un sommeil éternel !

Et je n'ai pu m'asseoir près de ta couche :
O pauvre ami, que tu devais souffrir !
Mais j'étais loin quand ta mourante bouche
Livra passage à ton dernier soupir.


J'étais bien loin quand tu perdis la vie,
Moi qui jadis guidais tes premiers pas,
A ton chevet, une paupière amie
N'a point pleuré l'heure de ton trépas !


Et je n'ai point à son dernier asile
Accompagné ton funèbre cercueil,
Lorsque, suivi de toute notre ville,
Moi seul manquais au coin de ton linceul !


O pauvre fleur des champs que la faux a ravie
          Au moment de fleurir !
O pauvre ange mortel qui n'entras dans la vie
          Que pour naître et mourir !...

Ma voix qui se mêle à l'ouragan qui gronde,
Pour ton réveil mes cris sont superflus !
Mais si ton nom est rayé de ce monde,
Il est écrit au séjour des élus.


Au monde entier je chante ta louange,
Près du Seigneur intercède pour moi ;
Pour ton ami daigne prier, cher ange,
Bientôt mon âme aura monté vers toi !


Par nos regrets ta vie est ranimée,
Et si la mort a brisé son flambeau,
Du haut des cieux, ton étoile tombée
Scintille encor dans la nuit du tombeau !


O pauvre fleur des champs que la faux a ravie
Au moment de fleurir !
O pauvre ange mortel, tu n'entras dans la vie
Que pour naître et mourir !...

# Mélodie Vingtième.

---

## ÉLÉGIE.

Un voile épais de neige a couvert la vallée
Comme le blanc linceul couvre le trépassé...
Le saule, sur le fleuve immobile et glacé,
    Penche sa tête échevelée !


Sur le buis des tombeaux et les cyprès mouvants,
L'Orfraie unit parfois son long cri d'agonie
Au léger frôlement de la feuille jaunie
    Qui s'enfuit sur l'aile des vents.

Privé des bois touffus et des vertes prairies,
Sous le chaume glacé, le pauvre oiseau transi
Réchauffe en tremblotant, ses petits dans leur nid
    Sous ses deux ailes engourdies.


L'œil humide, oh! que j'aime à contempler ce deuil!
Ces prés tristes, déserts, cette campagne nue,
Cette pâle feuillée éparse, répandue
    Comme des pleurs sur un cercueil !


C'est que, levant au ciel mon humide paupière,
Un soir je vis filer l'étoile à l'horizon...
C'est que mes deux genoux ont foulé le gazon
    Qui couvre une modeste pierre !


C'est qu'une âme fidèle à la voix de son Dieu
S'est envolée au ciel comme un astre qui passe.
La fosse était comblée, et l'ange, dans l'espace,
    Me faisait son dernier adieu !

Depuis, mon triste cœur oublia le sourire,

Et, flamme vacillante au souffle du malheur,

Ma vie en longs soupirs, au feu de la douleur

   S'est consumée, et puis expire !


La tristesse, à ses pas vint enchaîner mon sort ;

A son culte fatal mon âme est asservie,

Et le deuil alluma le flambeau de ma vie

   Au pâle cierge de la mort !

# Mélodie Vingt-Unième.

—◆—

## LE PAPILLON DES CHAMPS.

MUSIQUE D'ALEXANDRE LAFITTE.

Le pâtre des montagnes
Fait entendre ses chants ;
Vole dans les campagnes,
Beau papillon des champs !

L'orient se colore,
Déjà la tendre aurore

# Mélodie Vingt-Unième.

# LE PAPILLON DES CHAMPS.

MUSIQUE D'ALEXANDRE LAFITTE.

Le pâtre des montagnes
Fait entendre ses chants ;
Vole dans les campagnes,
Beau papillon des champs !

L'orient se colore,
Déjà la tendre aurore

A répandu ses pleurs,
La prairie embaumée
Tapisse la vallée
D'émeraude et de fleurs.


L'Alouette timide,
Dans l'herbe encore humide
Des larmes du matin,
Exhale, radieuse,
Sa voix mélodieuse
Qui meurt dans le lointain.


Le pâtre des montagnes
Fait entendre ses chants ;
Vole dans les campagnes,
Beau papillon des champs !


La rose, avec délice
Entr'ouvre son calice

Au baiser du soleil ;
Sa brillante corolle
Épand son auréole
Comme un bel arc-en-ciel !


Le frais lilas s'incline
Sur la verte colline
Où glisse un souffle pur.
Sur la feuille, en silence,
Beau papillon, balance
Tes deux ailes d'azur.


Le pâtre des montagnes
Fait entendre ses chants ;
Vole dans les campagnes,
Beau papillon des champs !

# Mélodie Vingt-Deuxième.

—◦✕◦—

## ÉCRITE DANS

## L'ERMITAGE S.-SAUVEUR.

### A la Reine.

.

C'est ici que s'éteint tout le bruit de la terre :
Ici, l'on fait au monde un éternel adieu ;
Sur ces pieux rochers, la voix de la prière
    Se fait mieux entendre de Dieu !


Là, ce n'est pas le temple avec son artifice,
Avec ses doubles tours s'élevant jusqu'au ciel ;
C'est l'autel de gazon, avec le sacrifice,
    Avec la prière d'Abel.

La simple fleur des champs orne le sanctuaire
Où Dieu se montre à nu dans toute sa grandeur ;
Quelques vieux saints rongés par la mousse et le lierre
 Entourent la croix du Sauveur.


A droite de l'autel, sous un rideau de serge
Dont la pluie et le temps ont mangé les couleurs,
Quelques anges en bois aux genoux de la Vierge
 Avec des couronnes de fleurs.


Dans un coin où le vent gémit comme une plainte,
Un sépulcre taillé dans les rochers noircis ;
Dans la pierre d'entrée, un creux rempli d'eau sainte
 Où trempe une branche de buis.


Une lampe pendue à ces voûtes funèbres
Éclaire faiblement ce lugubre caveau,
Et laisse apercevoir dans ces saintes ténèbres
 L'image du Christ au tombeau.

— Voilà tout : et pourtant, là tout est poésie,
Religion, amour. Cette simplicité
A l'âme du Chrétien qui se recueille et prie
    Inspire plus de majesté !


Cette voix des ruisseaux, la brise harmonieuse
Qui se joue en chantant dans l'aubépine en fleur,
Et les longs tintements de la cloche pieuse,
    Tout a plus d'écho dans son cœur !


— Toi qui veilles en paix au pied du sanctuaire,
Vieil ermite, gardien de ce paisible lieu,
Qui penches sur l'autel ta tête octogénaire
    En causant tout seul avec Dieu,


Écoute le pécheur qu'un repentir sincère
Amène en sanglotant baiser tes deux genoux,
Qui te crie en pleurant : « Bénissez-moi, mon Père,
    » Car je n'espère plus qu'en vous ! »

Ta vie, à toi, coula doucement comme l'onde
Qui se fraie un chemin dans l'herbe et dans les fleurs;
Comme moi, tu n'as point, en passant dans ce monde,
    Laissé ta trace avec des pleurs !


Ta barque n'eut jamais d'écueil ni de tempête,
Sous un ciel toujours pur, tu marchas vers le port ;
Et quand, ridant ton front et blanchissant ta tête,
    Le temps t'avertit de la mort ,


Tu t'approchas du ciel pour terminer ta vie ,
Parce que, saint vieillard, à ton dernier soupir,
Ton âme pour monter vers sa douce patrie
    Aura moins d'espace à franchir !


Oh ! je voudrais, ainsi tranquille et solitaire,
Vivre, prier, mourir dans ces paisibles lieux ,
Car plus l'âme ici-bas s'éloigne de la terre,
    Plus elle s'approche des cieux !

# Mélodie Vingt-Troisième.

---

## ÉLÉGIE.

### Au Roi.

Le premier rayon du soleil
Colorait le chevet de pierre
Du prisonnier dont la paupière
Cédait sous le poids du sommeil;
Lui, bercé par un doux mensonge,
Rêve son pays, doux moments !
Il est heureux : ce divin songe
A suspendu tous ses tourments.

7

—« Eh quoi ! maintenant plus de peines,

Plus de ténèbres, de cachots ;

Je n'entends plus ces lourdes chaines,

Tristes et lugubres échos.

O doux soleil de ma patrie !

Ta vue a ranimé mon cœur...

Tu rends à la plante flétrie

Toute sa sève, sa fraîcheur !

Trésor de la voûte azurée,

Rayon brillant de l'œil de Dieu,

J'avais fait l'éternel adieu

A ta splendeur pure et sacrée,

A ton auréole de feu.

O soleil ! tu sèches les larmes

Qui ternissaient mes faibles yeux ;

Pour moi désormais plus d'alarmes,

Je vois le toit de mes aïeux :

Oui, je reconnais nos montagnes ;

C'est bien vous, fertiles campagnes,

Que l'aube baigne de ses pleurs ;

Oui, c'est bien toi, source argentée,

Qui, du rocher précipitée,

Vas te perdre en un lit de fleurs !


« Mais que vois-je ? dans la prairie,
C'est elle !... c'est elle... ô bonheur !
Tendre mère !... viens sur mon cœur !
Console-toi, mère chérie...
Ton fils, espoir de tes vieux jours,
Ton fils t'est rendu... pour toujours !... »


— Il dit : et pour presser sa mère,
Il ouvre les bras... mais soudain
Du fer l'arrête... ô peine amère !
Du fer enchaîne encor sa main !.
La douleur à lui le rappelle,
Il croit sentir, douleur cruelle !
Les maux qu'il a déjà soufferts...
Tout-à-coup sa paupière s'ouvre
Et son œil attristé découvre
Des murs. de la paille et des fers !...

# Mélodie Vingt-Quatrième.

———◆◆◆◆———

## LE ZÉPHYR.

A Madame de Lamartine.

Me créant dans l'espace,
L'Éternel m'a dit : « Passe,
  » Hôte des airs. »
Depuis, souffle céleste,
Je parcours d'un pas leste
  Tout l'univers !

Enfant de la nature,
L'œil de la créature
   Me cherche en vain...
Pour lui, je suis mystère,
Comme l'est, pour la terre,
   L'astre divin.


Sylphe léger, volage,
Je pousse le nuage
   Qui glisse aux cieux ;
Puis, quand tombe la neige,
Je guide son cortège
   Silencieux.


Je construis et j'efface,
Je ride la surface
   Du lac d'azur;
Je conduis la nacelle
Qui se berce et chancelle
   Sur le flot pur.

J'aime à raser la plaine,
Et de ma fraîche haleine
   Baiser les fleurs,
Entr'ouvrir leurs calices,
Flairer avec délices
   Leurs mille odeurs.


Au pied de la charmille,
Effeuiller la vanille
   Sur le gazon,
Et caresser la lune
Qui se lève, à la brune,
   Sur l'horizon.


Je poursuis l'Hirondelle
Qui lutte avec son aile,
   Et bien souvent,
Aux combats que je livre,
Je la contrains à suivre
   Le gré du vent.

Quand le soleil se couche,
S'enfonçant dans sa couche
    D'or et d'azur,
Je quitte la vallée,
Vers la voûte étoilée
    Je monte pur.


Dans ma course éternelle
J'effleure de mon aile
    L'étoile d'or;
Sur la branche, en silence,
Doucement je balance
    L'oiseau qui dort.


Quand l'Aquilon de glace
Me chasse et me remplace
    Pour quelque temps...
Aux voûtes éternelles,
Je referme mes ailes
    Jusqu'au printemps !

# Mélodie Vingt-Cinquième.

---

## CHANT RELIGIEUX,

IMPROVISÉ POUR L'ÉDIFICATION DE SAINT-SERNIN, A AURILLAC,

Dédié à M. le Curé et aux Souscripteurs à cette Église.

> ... Han dritto in Cielo
> Le suppliche dolenti
> D'un anima fedel.
>
> (Metastasio.)

## I.

Dans les temps où l'idolatrie
Sacrifiait à de faux dieux,
Où l'âme ignorait sa patrie
Où l'œil ne voyait point les cieux,

Tout-à-coup un homme se lève
Inspiré : son bras se soulève
Et tombe, ainsi que tombe un glaive
En brisant le profane autel...
La foule tremble en sa présence
Et l'oracle que l'on encense
Reste muet par la puissance
De ce saint envoyé du Ciel.


A sa voix, le païen farouche
Brûle déjà d'un autre feu,
Lorsque Dieu parlait par sa bouche
Eût-on parlé plus haut que Dieu ?...
Mais cependant le peuple ignare
Qu'une croyance impie égare,
Dans un transport lâche et barbare,
A déjà décidé son sort :
Comme un pas qui salit la neige,
Sur l'envoyé que Dieu protège
Il porte une main sacrilège
Et va le traîner à la mort !

Mais lui, fort de sa foi suprême,

Marchant au nom du Tout-Puissant.

Terrasse encor du regard même

Ses bourreaux altérés de sang.

Émule du Christ, au Calvaire

Il va levant sa tête fière,

Et jusqu'à son heure dernière

Il chante son hymne pieux,

Jusqu'à ce qu'étendant ses ailes

Et brisant ses chaînes mortelles

Il monte aux voûtes éternelles

Chercher sa palme dans les cieux !...


Que tu fus beau dans ta croyance !

Et jusqu'à ton dernier soupir,

Que tu fus grand dans la souffrance,

O Sernin ! sublime martyr !

Ouvre-nous la céleste voûte :

Notre foi triomphe du doute.

Nous voulons marcher dans ta route,

Suivre le sentier des douleurs,

Et gravir les saintes collines
En nous déchirant aux épines,
Car les routes les plus divines
Ne se tracent qu'avec des pleurs !


## II.


Noble religion ! mère à triple mamelle,
Où l'homme élu de Dieu boit la vie éternelle !
Main qui nous est tendue et qui sèches nos pleurs,
Voix qui réponds toujours à toutes nos douleurs ;
Livre saint où notre âme a puisé son essence,
Pages où l'Éternel a gravé sa puissance ;
Mystérieux flambeau dont la sainte clarté
Dissipe à l'œil humain l'impie obscurité !
Oh ! oui, tu fais descendre, aujourd'hui dans nos âmes,
Quelque divin rayon de tes divines flammes !
Pour la première fois nos yeux s'ouvrent au jour
Et notre amour s'allume à l'éternel amour.
Nous sommes conviés aux célestes phalanges,
Notre concert se mêle au doux concert des anges ;

Nous n'avons plus qu'un cri, qu'un soupir, qu'un seul vœu,
Cri d'amour et de foi : Vivre et mourir pour Dieu !...


### III.


Sernin ! le sang de ton martyre
Est un baptême solennel...
Notre cœur, de ta foi, s'inspire
Au pied de ton nouvel autel !
Ton auréole nous éclaire,
Sur les degrés du sanctuaire
Elle vient darder sa lumière
Comme l'aurore d'un beau jour,
Et, nouvellement inspirée,
Ton âme, à cette heure sacrée,
Dans cette enceinte consacrée,
Infiltre en nous tout son amour !


### IV.


Chrétiens ! sachons souffrir, mourir avec courage !
La douleur, ici-bas voilà notre héritage...

La vie est une épreuve, et son temps limité
Est à peine un moment devant l'éternité.
Vaut-elle un seul regret ? qu'est-ce que cette vie ?
Une terre d'exil... là-haut est la patrie !
Marchons sans hésiter sur les pas de Sernin ;
Le Christ, premier martyr, nous fraya le chemin :
Oui, son sang rédempteur, découlant du Calvaire,
En pluie universelle a tombé sur la terre !...
Et nous ! pour effacer tout ce sang généreux,
Trouverons-nous assez de larmes dans nos yeux !
Levons nos yeux mouillés vers la voûte éternelle :
Nous vivons pour la foi, mourons aussi pour elle !
Vidons, sans murmurer, le calice de fiel...
Le martyre est sur terre et la couronne au ciel !...

Paris, 12 janvier 1842.

# Mélodie Vingt-Sixième.

—◆—

# UN NID DANS L'AUBÉPINE.

MUSIQUE DE PAUL HENRION.

Dans la blanche aubépine
Qui pend à la colline
Parmi les arbrisseaux,
Dans un nid solitaire,
Sous l'aile d'une mère,
Dormez, petits oiseaux

Dans les blés de la plaine
Vous aurez votre graine,
Vous boirez aux ruisseaux ;
Sous la rose vermeille
L'aurore vous éveille,
Chantez, petits oiseaux !


Mais, famille chérie,
Votre mère est partie
Là-bas, dans les roseaux...
Ne chantez plus : peut-être
Elle va disparaître,
O mes petits oiseaux !


Quoi ! vous chantez encore !
L'Oiseleur, dès l'aurore
Tendit là ses réseaux...
Silence ! il faut vous taire...
Vous n'avez plus de mère...
Pauvres petits oiseaux !...

# Mélodie Vingt-Septième.

— ⋘⋙ —

## LE PETIT ORPHELIN.

> J'ai froid, la neige tombe,
> J'ai faim, je vais mourir!...

Où vas-tu, pauvre enfant? vois la neige qui tombe
Et couvre les vallons comme d'un blanc linceul...
La nuit est déjà noire, et tu veux errer seul,
Glacé comme le spectre au sortir de sa tombe !
Et l'enfant tout transi répondit à la voix :
     — Je voudrais traverser ce bois
     Qui doit me mener au village ,
Mais on est bientôt las quand on n'a que mon âge;
     Je n'ai vu l'hiver que dix fois !

8

Et puis... si vous saviez le mal qui me dévore,
Comme j'ai faim !... Hélas ! le jour s'éteint encore,
    Je n'ai pas mangé depuis trois !...
— Imprudent ! en jouant au milieu des campagnes,
Tu t'égaras sans doute au sommet des montagnes ;
Tu te perdis, enfant, à la chute du jour...
Près de l'âtre, à présent ta famille soupire :
Dis ? où donc ta demeure, et je vais t'y conduire ;
Ta pauvre mère pleure attendant ton retour !


— «Non, non... je n'ai plus rien là-bas, dans la vallée ;
Mon père dort en paix sous sa croix isolée,
Personne ne m'attend au foyer paternel !
Personne ne m'attend... je suis seul sur la terre...
Ma mère ? dites-vous, ah ! je n'ai plus de mère...
    Elle s'en est allée au Ciel !... »


Et de sa joue, alors deux larmes découlèrent ;
Puis, tombant à genoux, ses deux mains se croisèrent :
    « Pitié ! dit-il ; j'ai froid, j'ai faim !

Vous si riche, pitié pour celui qui succombe,
Ma famille repose à l'ombre de la tombe ;
    Je suis un petit orphelin ! »


Quelqu'un venait alors. L'enfant plein d'espérance
Dépeignit en pleurant sa terrible souffrance,
Mais le riche passa drapé dans son manteau :
Le froid l'aurait saisi s'arrêtant sur la pierre...
Il aima mieux fermer son cœur à la misère
    Et laisser ouvrir un tombeau !


    Quoi ! personne ne me protège !
    Cria l'enfant, avec douleur ;
    Ainsi que ma mère, ô Seigneur !
    Je vais donc mourir sous la neige !


Et sa main sur son cœur pressait le crucifix
Que la mère attacha sur le sein de son fils.
C'est un souvenir d'elle... ô malheureuse mère !
                     8*

Que n'est-elle témoin de ta douleur amère ..
Elle pourrait mêler du nectar dans ton fiel,
Te réchauffer encor dans son sein maternel ;
Mais ne la cherche pas... elle n'est plus sur terre,
    Tu la retrouveras au ciel !


    Le char de l'opulence
    Va passer près de lui ,
    L'enfant le voit, s'élance...
    Un doux espoir a lui.
    Se traînant sur la glace :
    « J'ai froid ! dit-il ; j'ai faim ! »
    Mais... le char roule et passe
    Écrasant l'orphelin !!!

    . . . . . . . . . . . .


    Comme , au milieu de la prairie
    Que foule le pied destructeur,
    La fleur écrasée et flétrie
    Exhale sa dernière odeur,

En se soulevant sur la pierre,
Il fit encore une prière
Et retomba sans mouvement...
Ainsi la lampe sépulcrale,
Jetant sa lueur faible et pâle
Brille et s'éteint en un moment.


Plus rien... plus rien! affreux silence !
Rien qu'un corps pâle, ensanglanté !
Une âme libre alors s'élance
Aux portes de l'éternité.
Approche, Fossoyeur agile,
Viens creuser encore l'argile...
Et toi, reptile audacieux,
Encore une capture à faire,
Encore un cadavre à la terre...
Un ange de plus dans les cieux !

# Mélodie Vingt-Huitième.

—◦◦◦—

## LA FEUILLE TOMBE.

Pleure ta pauvre fiancée...
Ah ! tous tes soins sont superflus !
Touche ma main... elle est glacée
Et mon cœur ne bat presque plus !
Garde ces fleurs que, sur ma tombe,
Tu verrais bientôt se flétrir...
L'herbe jaunit... la feuille tombe...
    Je vais mourir !

Vois du ciel tomber mon étoile...
Et tu parles de notre hymen !
Prends cette gaze... un autre voile
Effacera mes traits, demain.
Demain, l'autel sera la tombe ,
Dieu , lui-même veut me bénir...
L'herbe jaunit... la feuille tombe...
    Je vais mourir !...


— Un an plus tard , au cimetière ,
Un jeune malade priait ,
Et, se traînant sur une pierre ,
Sa voix éteinte répétait :
« Jenny ! j'expire sur ta tombe...
Là-haut, Dieu voulait nous unir...
L'herbe jaunit... la feuille tombe...
    Je vais mourir !... »

*  *
  *

# Mélodie Vingt-Neuvième.

—◆—

# BERCE, GRAND'MÈRE.

MUSIQUE DE PAUL HENRION.

Le front penché sur ta petite-fille,
Tu vois déjà son brillant avenir,
Et ton vieux cœur se réchauffe et sautille
En retrouvant quelque doux souvenir...
Oui... mais avant de saisir ta chimère
Il doit encor s'écouler bien des jours...
En attendant, berce, berce, grand'mère ;
En attendant, berce, berce toujours !

Ton idéal l'a déjà fiancée,

Et, caressant ton rêve maternel,

Tu crois la voir, de l'oranger parée,

Près d'un époux s'avancer à l'autel...

Mais pour goûter ce bonheur sur la terre,

Songe avant tout qu'il lui faudra des jours...

En attendant, berce, berce, grand'mère ;

En attendant berce, berce toujours !


Dans l'avenir, que tu puises de charmes !

Tu ne vois plus que des jours de bonheur...

Mais... dans tes yeux il faut trouver des larmes...

Dieu te demande encore une douleur !

La Mort est là qui rit de ta chimère

En te prenant l'appui de tes vieux jours...

Ta fille dort... ne berce plus, grand'mère...

Mais maintenant, pleure... pleure toujours !...

# Mélodie Trentième.

—◆—

# LES PRÉLUDES.

À M. A. de Lamartine.

..... O lyre! ô mon génie!
Musique intérieure, ineffable harmonie..

(LAMARTINE.)

L'Aube, laissant pleuvoir ses gouttes de rosée,
Imprime sur l'azur une teinte rosée;
Le nuage pourpré se berçant mollement
Roule l'or en flocons aux bords du firmament,
Et, comme les accords d'une harpe divine,
La source des vallons chante dans la ravine,
Puis, dans l'herbe des prés laisse courir ses eaux
Comme un filet d'argent à travers les roseaux.

Pourquoi me dérober ton gracieux sourire,

O mon ange gardien ! toi pour qui je soupire ?

A peine le réveil a-t-il ouvert mes yeux

Que tu voiles ta face et remontes aux cieux !

Pour qu'à ta voix, ainsi, je tressaille de joie,

Oh ! dis-moi, n'est-ce pas que c'est Dieu qui t'envoie ?

N'est-ce pas que tu viens du céleste séjour

Pour verser dans ton ombre un rayon de ton jour !

Pour apporter un baume à ma vive souffrance

Et bercer mon sommeil des songes d'espérance ?

N'est-ce pas que c'est Dieu qui t'envoie ici-bas

Pour me montrer le ciel et pour guider mes pas ?

Oh ! tu seras ma voie, et l'ange tutélaire

Dont je suivrai partout la divine lumière

Comme un pauvre marin qui met tout son espoir

En l'étoile qui brille au milieu du ciel noir.

Dans le sentier sacré, tu seras mon seul guide,

Je m'appuirai sur toi dans la pente rapide,

Et si mes pieds souffrants glissent dans le chemin,

Comme un fidèle appui, je chercherai ta main !

Je n'ai pour t'admirer que les yeux de mon âme,

Mais je sens, à mon cœur qui brûle de ta flamme,

Que ton front est brillant, que ton regard est pur
Comme un lac argenté qui réfléchit l'azur.
Que ta bouche embaumée, où.la pudeur repose,
Exhale un doux parfum comme une fraîche rose.
Que tes dents sont l'émail, que l'or de tes cheveux
Est pareil au rayon qui s'échappe des cieux !
Que toi seul es ma vie et mon bonheur suprême ;
Que je t'aime, bel ange... oui! je sens que je t'aime !..
Que je t'ai consacré ma vie et mon espoir,
Et que tu peux changer mon matin en un soir...
Mon berceau tiède encore en une froide pierre,
Mon printemps en automne et mon lange en suaire !


Ah ! si tu pouvais lire au milieu de mon cœur
Et peser, un instant, le poids de ma douleur !
Ou comprendre ma joie et mon ivresse étrange
Quand le frémissement de tes deux ailes d'ange
M'avertit que tu viens t'asseoir auprès de moi
Pour attiser ce feu qui s'éteindrait sans toi !
Si tu pouvais sentir, si tu pouvais comprendre
Ce que mon cœur éprouve et qu'il ne saurait rendre ;

Ses doux tressaillements aux accents de ta voix
Plus pure que le chant du Rossignol des bois !
Oh ! parle... parle encore à mon âme souffrante,
Enivre-la du miel de ta voix consolante ;
Ne fuis pas : oh ! de grâce , encor quelques instants,
Que je lise ton nom sur tes traits éclatants !
Viens : comme ton Éden , notre terre a ses charmes,
Nous n'avons pas toujours les yeux baignés de larmes;
Quand la brise a chassé le nuage orageux,
Sur nos prés, sur nos bois, daigne jeter les yeux,
Et ce globe mondain que tu crois tout de fange
Peut encore enchaîner le doux regard d'un ange.
L'homme que tu plains tant ne gémit pas toujours,
Après ceux de malheur il a ses heureux jours ;
Quand nous avons passé sous le chagrin qui broie,
Après notre douleur, il nous vient de la joie,
Un instant de bonheur peut sécher bien des yeux;
Le nuage fondu, le soleil brille aux cieux.
Durant que l'aube naît, l'horizon n'est plus sombre :
La nuit fait place au jour, le jour dissipe l'ombre,
Et quand on a pleuré derrière un corbillard ,
On sourit à l'enfant qui succède au vieillard.

De l'heure qui s'écoule, une autre heure est suivie ;
On trouve à chaque pas, voyageant dans la vie,
Le rire près des pleurs, la gaîté près du deuil,
Et le berceau natal à côté du cercueil !
Sur la tombe écroulée, on place une autre tombe,
Une étoile apparaît alors qu'une autre tombe...
Sous l'épine qui blesse et cause nos douleurs,
Nous trouvons de doux fruits et nous cueillons des fleurs ;
Et, si nous avons tous nos heures de supplices,
Nous avons tous aussi nos heures de délices ;
Parmi notre breuvage, il se trouve du miel...
L'homme a ses rêves d'ange et la terre a son ciel !

\*

Vois, pour toi tout semble sourire :
En berçant les feuilles des bois,
Le souffle embaumé du Zéphire
Rend un doux son, comme la lyre
Qui vibre et frémit sous les doigts.

\*

L'herbe a reverdi la colline ,

Le roseau baise l'onde , et mollement penchés,

Le lierre et l'aubépine

Couvrent la mousse des rochers.


La nuit a déchiré son voile ,

La pourpre et l'or pleuvent du ciel ,

Et la lueur de chaque étoile

Pâlit au lever du soleil.


L'ombre de la forêt voisine

Se balance sur le gazon,

La montagne au loin se dessine

Comme un géant à l'horizon.


La source jaillit et s'élance

Roulant les cailloux dans son lit ,

Le Pivert troublant le silence

S'envole déjà de son nid.

Le fleuve rafraîchit les roses
Qui se pressent à son miroir,
Et, coquettes à peine écloses,
Se penchent afin de s'y voir !


La Caille mêle sa voix douce
Au doux murmure des ruisseaux
Qui coulent au loin sous la mousse
Parmi les fleurs et les roseaux.


L'airain, ébranlant la chapelle,
Frappe sur le timbre argentin,
Et son écho mourant appelle
A la prière du matin.


Une brise douce et légère
Soulève mollement les blés,
Le blanc troupeau de la bergère
Bondit et bêle dans les prés.

\*

Ne fuis pas, ne fuis pas : voici l'aube dorée
Qui conduit à pas lents, sous la voûte azurée,
        Son char d'opale et de saphir;
Voici l'heure où l'Abeille effleure la corolle,
Où la tulipe d'or épand son auréole
        Au premier baiser du zéphyr.


Reste ! j'aime à te voir, à te dire : Je t'aime !
A ceindre ton front pur d'un tendre diadème
        De violettes et d'œillets,
Exhaler à tes pieds ma fervente prière
Et sous ton pas léger parsemer la bruyère
        De chèvrefeuille et de bluets.


J'aime à voir tes cheveux aussi beaux que l'aurore,
A cueillir les jasmins que ton vol fait éclore

Dans l'herbe que foulent les pas ;
J'aime à voir sur ton sein la blanche marguerite,
Le papillon d'azur qui se pose et s'agite
        Sur ta couronne de lilas.


Sous les branches du saule où fleurit l'églantine,
A voir se refléter ton image divine
        Dans le brillant cristal des eaux ;
J'aime le doux accent de ta voix virginale
Qui rivaliserait, à l'aube matinale,
        Le doux concert de mille oiseaux !


Mais tu fuis, car la nuit a déchiré son voile,
Car, éclipsée au jour, la pâlissante étoile
        Vient de s'éteindre dans le ciel :
Fidèle à ce signal, tu quittes cette terre,
Et laisses jusqu'au soir, isolé, solitaire
        Le chevet du pauvre mortel !

Un jour viendra peut-être où mon âme ravie,
Suspendue à ton aile, ira dans l'autre vie
  Dévoiler ton front gracieux...
Là, je pourrai te voir et t'aimer sans alarmes,
Sur une harpe d'or célébrer tes doux charmes
  Avec les anges, dans les cieux !


L'ange a fui comme un rêve, et maintenant mon âme
Ne brûle déjà plus de cette même flamme;
Des larmes de tristesse ont inondé mon cœur !
Quoi ! sur mon luth en deuil n'ai-je pas une plainte?
Mais je viens de toucher une corde plus sainte,
  C'est la corde de la douleur.


Le soleil s'est voilé d'un funèbre nuage,
L'air est froid, le vent siffle arrachant le feuillage,
La neige a remplacé la mousse et le gazon;
Les roses ont séché sur leur tige flétrie;

La tombe aux noirs cyprès remplace la prairie,
Et la lune au front pâle argente l'horizon !

\*

Quelle est donc cette petite âme
Qui se glisse dans les roseaux,
Et dont le doux reflet de flamme
Dore la surface des eaux ?

Fléchissons le genou... silence ! car c'est l'heure
        Où les larmes tombent des yeux :
Sur une jeune tombe, une âme, ici-bas, pleure
        L'âme qui sourit dans les cieux !

Respect à sa douleur ! c'est une pauvre mère,
        Et c'était son unique enfant...
J'entens, j'entends la voix de sa douleur amère
        Dont l'écho m'apporte l'accent :

—Tu t'envolas bien jeune, ô mon cher petit ange!
Ta bière est un berceau, ton linceul est un lange
Que ta mère a filé sous un rayon d'espoir !
Je vis glisser ton front sous le funèbre voile,
Comme dans la prairie on voit glisser l'étoile
    Du firmament, le soir.


Tu mourus dans les bras de celle qui t'adore,
Comme un astre naissant qui meurt dès son aurore
    En sillonnant les cieux ;
Comme sur un ciel pur s'étendent les ténèbres,
Le trépas étendit ses deux ailes funèbres
    Sur l'azur de tes yeux !


Je comprends : ce soleil, à nos yeux s'il s'efface,
C'est pour, de cette vie, effacer le chemin...
C'est que l'avare mort en nous voilant la face
    Nous conduit par la main !

Quoi ! lorsqu'on nous inscrit au livre d'existence
Dont les feuilles pour nous sont de velours et d'or,
Sur la page opposée on signe une sentence
      De mort !

Alors que l'âme fuit comme un ange qui passe
Et va se prosterner à tes pieds, ô mon Dieu !
On n'entend plus qu'un mot qui vibre dans l'espace :
      Adieu !...

Mais pardonne, Seigneur... pardonne, je blasphème !
J'oubliais qu'on nous compte au foyer paternel...
J'oubliais que là-haut l'on se revoit, l'on s'aime
      D'un amour éternel !

—Un soir, si tu savais !... à l'ombre de son saule,
Je sentis une main effleurer mon épaule ;
C'était lui ! mon enfant... mon Dieu, qu'il était beau !
Sur son front s'élevait une céleste flamme :

« O ma mère ! dit-il, ne pleure pas, car l'âme
    » Triomphe du tombeau ! »


Depuis je l'ai revu. — La nuit était bien sombre.
Voltigeant près de moi comme voltige une ombre,
Sur mon chevet brûlant il est venu s'asseoir :
« Viens, ma mère, dit-il ; je te prête mes ailes,
» Nous monterons ensemble aux voûtes éternelles
    » Dans les vapeurs du soir ! »


Oh ! ton cœur comprendra quand une pauvre femme
S'élèvera là-haut comme une pâle flamme
Consumant le linceul dont la mort la voila,
A genoux sur le seuil de l'enceinte sacrée,
Te criant, d'une voix incertaine, altérée :
    « Mon enfant, me voilà ! »


Tu prieras, n'est-ce pas, le Très-Haut, ton bon père?
Tu lui diras : Seigneur, cette âme fut ma mère :

Place, ô mon Dieu ! pour elle au céleste séjour !...
— Tombe feuille jaunie, inonde la vallée,
Volle aux yeux du passant cette pierre isolée
Qui couvrira nos corps avant la fin du jour !


L'aube rose, aube fraîche autant que la corolle,
Épand sur ton front pur sa céleste auréole

  Comme un doux rayon de soleil ;
Rien qu'une heure, ô mon fils ! tu m'appelas ta mère,
Pour un jour seulement tu descendis sur terre ;

  Ce fut pour me montrer le Ciel !


— Sur ses genoux tremblants elle se traîne à peine...
Pauvre mère ! déjà son sein n'a plus d'haleine,
Elle est froide, étendue aux pieds du crucifix...
Oui, déjà morte !... mais elle a rejoint son fils !...


  Oh ! mon cœur se brise !... je pleure,

Je maudis maintenant le sort,

Et je soupire après cette heure

Où, vers la céleste demeure,

L'âme libre prend son essor !


\*


Un sublime transport s'empare de mon âme,

Elle brise les nœuds qui l'attachent au sol;

Et s'élevant au ciel comme une pure flamme,

Elle suit l'ange dans son vol !


Non ! plus rien maintenant ne m'attache à ce monde!

Mon âme a rejeté son enveloppe immonde,

Le souffle du Seigneur est descendu sur moi !

Sur mon luth consacré, n'ai-je pas un cantique ?

Mais je viens de toucher la corde prophétique,

C'est celle de la foi.

*

Ô foi ! divine prunelle
Qui me veilles en tout lieu,
Construits plume à plume l'aile
Qui doit m'enlever vers Dieu !


Dans les blés où souffle la brise,
Dans les feuilles que le vent frise,
Dans le doux concert des zéphyrs ;
C'est Dieu, toujours Dieu que l'on chante,
Et l'oiseau dans sa voix touchante,
Et le ruisseau dans ses soupirs !


*

C'est toi, pour nous sauver qui descendis sur terre.
Aussi, c'est à toi seul, ô mon doux Rédempteur !

Que je veux consacrer mon existence entière ,
  Mes soupirs et mon cœur !


A toi que la douleur dévora de ses flammes
Sur la croix, où tu fus, par nos mains, attaché,
Dont le sang , goutte à goutte effaça sur nos âmes
  Les taches du péché !


Jusqu'à l'heure où la mort éteindra ce délire
Qui m'emporte au-delà du séjour des mortels ,
Pour toi, j'aurai toujours une hymne sur ma lyre,
  Des fleurs pour tes autels !

# Trois Francs par An

## Pour les Abonnés à l'Ouvrage complet,

### (50 Cent. en sus pour les Départemens.)

———◆———

LES MÉLODIES POÉTIQUES ET RELIGIEUSES seront publiées annuellement par jolis volumes in-8° de 150 à 200 p., brochés, sur beau papier raisin satiné, avec Couverture de luxe, Vignettes, Gravures et *Musique* pour Piano, Orgue, Guitare, etc.

L'ouvrage complet formera *quatre forts volumes* de 300 p. environ chacun, et contiendra plus de **300** *Mélodies*.

Cette œuvre, qui s'adresse à tous, est particulièrement recommandée *aux personnes pieuses* et *à la jeunesse*. Elle est appelée à combler une immense lacune dans la bibliothèque de l'Enfance, en charmant les loisirs du cœur et en participant à son émulation. Par son genre et sa moralité, ce livre peut entrer dans la catégorie de ceux qu'on distribue habituellement dans les Pensionnats, pour *Étrennes* et comme *Prix* aux élèves studieux.

*Chaque abonné recevra* ANNUELLEMENT, *et franco, à domicile, son volume dans la dernière quinzaine de Décembre, et ne paiera qu'à sa réception.*

(On souscrit pour l'ouvrage entier. — Toute demande d'abonnement se fait où se trouve l'ouvrage.)

# TABLE.

—⁂—

Imprimerie de BÉNARD et Cᵉ, passage du Caire, 2.

# SAINTE CROIX DU RIVAGE!
## *Mélodie.*
### de MICHEL TISSANDIER,
### *Musique d'Alexandre LAFITTE,*
Jeune Pianiste âgé de 11 ans.

sa voix etait plain-ti ve, quand il fit ses a-dieux, sain-te

**2.**

Hélas! sa vieille mère,
Sa mère avait bien faim....
Et les filets de Pierre
Lui donnent seuls du pain!..
Sainte croix du rivage! (etc.)

**3.**

Le soir, sa voix émue
A trouvé des échos;
Comme une voix connue
Lui répond, sur les flots;
Sainte croix du rivage! (etc.)

**4.**

Près de la croix de pierre
Quelqu'un tombe en priant....
C'était lui!... c'était Pierre!
Qui répète en pleurant:

Sain-te croix du ri-va-ge, es-poir des ma-te-lots, mer-

-ci! pendant l'o-ra-ge, tu m'as sauvé des flots!...

Imp. Benard & Cie P. La Cize.?.

*Pour paraître, du même Auteur :*

# LA TERRE D'EXIL,

Un joli Volume in-8°.

Le 15 Décembre prochain,

# Mélodies

# POÉTIQUES ET RELIGIEUSES,

## (2ᵉ Année),

Un Volume in-8°, sur beau papier raisin satiné, contenant 30 nouvelles
Mélodies, avec Lithographies et Musique pour piano, orgue, guitare.

*En Vente chez Breteau et Pichery, Éditeurs*

# LE BON GÉNIE DE LA JEUNESSE,

## (2ᵉ ANNÉE),

## Par M. D'Épagny.

Prix : 4 fr. 50

Paris. — Imprimerie de LÉNARD et Comp., place du Caire, 2.

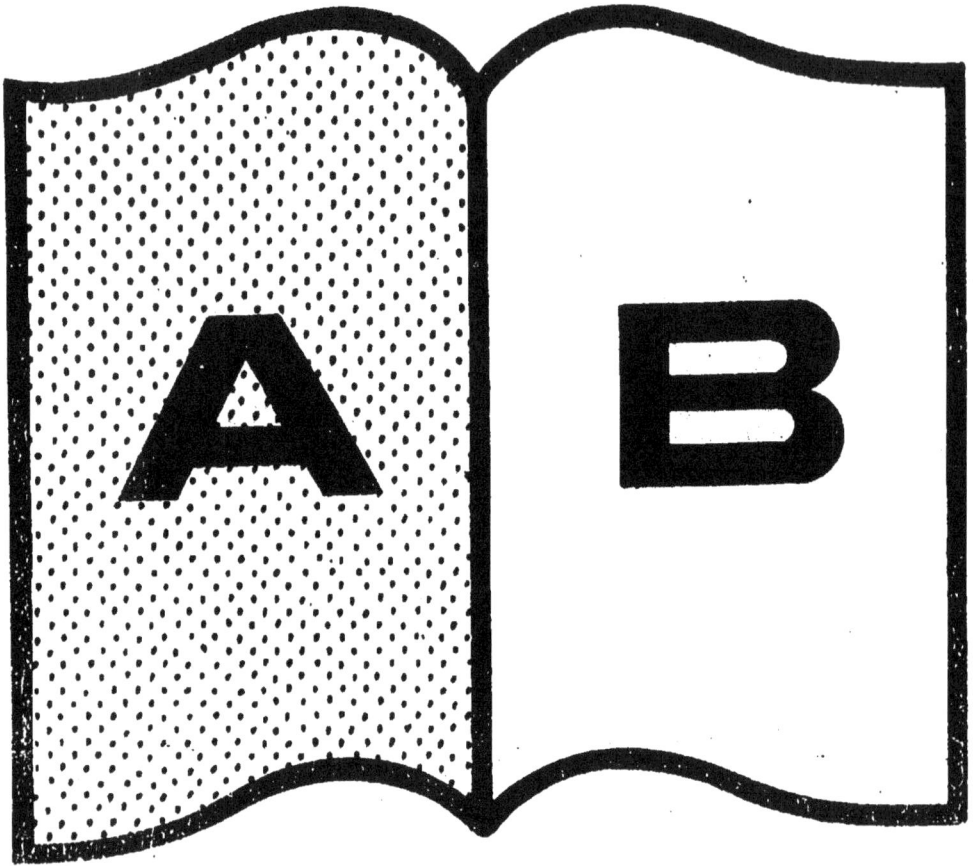

Contraste insuffisant

**NF Z 43**-120-14

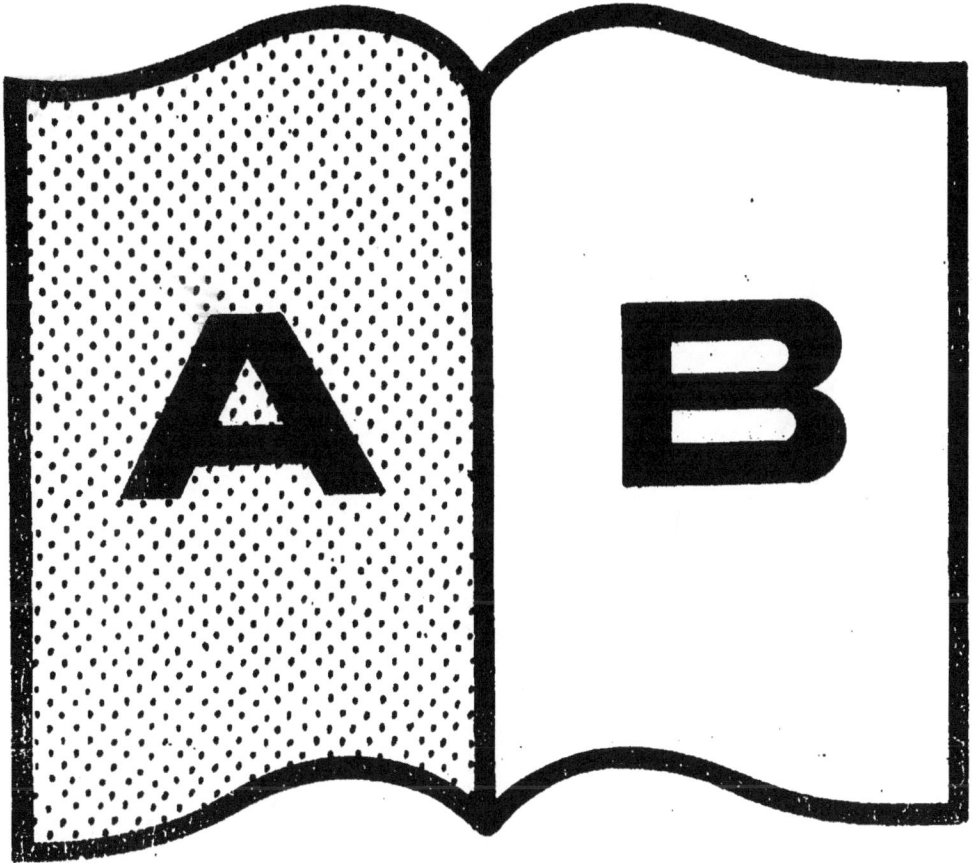

Contraste insuffisant

**NF Z 43**-120-14

www.ingramcontent.com/pod-product-compliance
Lightning Source LLC
Chambersburg PA
CBHW060804110426

42739CB00032BA/2684